AF318207

DU PRINCIPE MORAL

DANS

LA RÉPUBLIQUE

DISCOURS

PRONONCÉ A LA FACULTÉ DES LETTRES DE LYON,

LE 11 MARS 1848 ;

PAR

VICTOR DE LAPRADE.

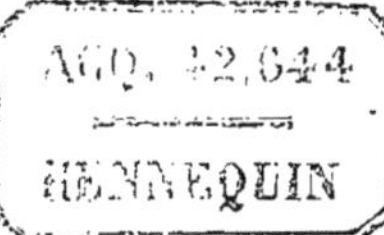

LYON,

IMPRIMERIE DE LÉON BOITEL,

QUAI ST-ANTOINE, 36.

1848.

DU PRINCIPE MORAL

DANS LA RÉPUBLIQUE,

DISCOURS

PRONONCÉ A LA FACULTÉ DES LETTRES DE LYON,

LE 11 MARS 1848.

Au début de cet enseignement, nous avons salué le génie de la France comme l'initiateur politique et moral des nations modernes. Nous avons signalé dans l'œuvre littéraire des deux derniers siècles une prédication incessante des vérités qui devaient transformer le monde social. L'art infécond de bercer les âmes en de vagues rêveries, de charmer les yeux par les couleurs et les images, de lancer la fantaisie loin des réalités, cette littérature sans conclusions pratiques qui suffit à d'autres peuples, elle n'avait pu satisfaire la conscience de nos grands écrivains ; l'imagination fut toujours chez eux subordonnée à de plus mâles aptitudes. Dans cet immense atelier de la pensée humaine où Dieu distribue à chaque nation une tâche spéciale, « le génie de la France, disions-nous , est placé pour accomplir autre chose qu'une œuvre d'imagination et d'art pur ; il est chargé d'éclairer les principes fondamentaux de la justice et du droit, d'introduire dans la politique les conséquences du christianisme, d'achever l'affranchissement de l'humanité. Pendant deux siècles, l'œuvre littéraire de la France depuis les Provinciales jusqu'à l'Emile, depuis Cinna jusqu'à Mahomet n'a été qu'un gigantesque plaidoyer politique, dont Rousseau fit la véhémente péroraison ; plaidoirie tour à tour grave et légère, ironique ou enthousiaste, mais cachant sous d'apparentes diversités une merveilleuse concordance, gardant son unité à travers le mysticisme de Fénelon, le scepticisme des Encyclopédistes et le rationalisme de Jean-Jacques, et marchant toujours à la même conclusion, l'égalité de tous les hommes et leur fraternité devant Dieu. »

Nous ajoutions : « la France n'est pas un poète peut-être, elle est mieux que cela, elle est un héros ! ce que d'autres voient dans leurs rêves et ce qu'ils chantent, la France l'accomplit de ses mains. » Nation merveilleuse chez qui l'action devance la rapidité même de la pensée ! Vainement les philosophes s'élancent dans l'avenir avec toute la hardiesse des théories ; au premier mouvement de ce peuple, les théories sont dépassées ; dans les problèmes qu'une époque doit franchir, il va plus vite et plus loin avec un sentiment que les penseurs avec toutes leurs lumières ; les difficultés pesantes que la science ne saurait mouvoir avec toutes ses ressources, un seul battement du cœur de ce peuple les soulève, et la route nouvelle est frayée pour le genre humain.

Hier, cet éclaireur des nations semblait avoir abdiqué son rôle périlleux et sublime. Tous les peuples qui attendent et qui souffrent se demandaient avec inquiétude : où est la France ? Cette colonne de feu qui dirige les esprits n'était plus qu'une nuée ténébreuse ; cette nation qui entraîne le monde à sa suite marchait au rebours de ses propres destinées. Chez le peuple apôtre et martyr, des voix avaient proclamé la politique de l'égoïsme et de la peur. Le premier, ce peuple tenta d'appliquer à la société terrestre l'égalité fraternelle de l'Evangile, et le Mammon de la richesse rêvait de le soumettre à une sordide oligarchie. Comme à Prométhée sur le Caucase, les faux dieux avaient forgé à ce peuple une chaîne de granit et de fer pour le punir d'avoir révélé aux humains le feu divin de la liberté. Dans une enceinte de forteresses on avait emprisonné cet esprit de prosélytisme, devant qui doivent tomber toutes les frontières. Le Titan prophétique semblait accroupi et résigné ; et voilà que, d'un seul bond, il a brisé toutes ses entraves et qu'en trois heures il a balayé de l'Olympe social toutes les divinités du passé.

Ce que tous les calculs et toutes les prévoyances faisaient considérer comme impossible, le peuple de France vient de l'accomplir d'un seul coup de main, à l'aide de cette force qui n'a pas besoin de calculer et de prévoir, parce qu'elle a Dieu pour guide. Souvent déjà, en vous parlant de faits littéraires, au-dessus de toutes les règles, de tous les préceptes, de toute la science acquise, nous vous avons signalé comme l'agent suprême des grandes choses cette force d'inspiration qui reste indépendante de toute direction réfléchie, de toute volonté humaine. Dans les faits sociaux, il se manifeste une pareille puissance de spontanéité qui plane au-dessus de tous les calculs. Comme il y a des hommes de génie, il y a des peuples de génie, et dans la vie de ces peuples il y a des moments d'inspiration qui rendent un seul jour plus fécond que tout un siècle. Pendant que les hommes de théorie et de calcul étudient les difficultés et s'arrêtent devant elles, les hommes chez qui le sentiment domine les franchissent d'un seul pas. Tandis que le philosophe discute encore sa route, le héros se précipite et touche déjà le but. Si c'est l'intelligence qui propose, c'est le cœur seul qui accomplit. Les peuples d'imagination ou de calcul sont parfois les premiers à entrevoir une idée, mais souvent les derniers à la traduire en acte. Or, la France est avant tout un peuple de cœur; durant que les autres cheminent lentement, elle peut quelquefois s'arrêter et s'endormir sur son chemin; en une heure d'héroïsme, elle se placera encore à la tête de la caravane; elle va plus vite dans les réalités que les penseurs dans les utopies.

Comme un terme encore lointain du progrès social pour les nations de l'Europe, les penseurs caressaient la noble idée d'une forme politique qui, supposant à tous les hommes du dévoûment et des lumières, leur accorde à tous une dignité et des droits. Ceux-là même qui l'appelaient de leurs vœux les plus ardents n'espéraient pas s'asseoir à cette communion fraternelle de toute la famille humaine; avec lenteur et dans l'ombre nous y préparions nos neveux; en présence d'une hostile réalité, ce n'était pour nous qu'une chère vision. Mais derrière ceux qui parlent et ceux qui rêvent, il y avait ceux qui sentent et qui agissent fortement; derrière cette France de la tribune et de l'école il y avait la France de l'apostolat militant, la France des champs de bataille, celle qui souffrait le plus dans ses souvenirs et dans son honneur; c'est elle qui d'un coup de son épée a renversé l'échafaudage de la corruption et de la violence; elle vient d'effacer avec son sang les derniers vestiges de l'invasion. Libre désormais de l'odieuse fatalité de 1815, rejettant l'imitation contre nature des formes britanniques, l'esprit français va rentrer dans ses voies légitimes et l'humanité l'y suivra.

Cette ère nouvelle qui commence, la littérature et la poésie ne sauraient être les dernières à la saluer. S'il est éternellement vrai que les idées engendrent les faits, s'il est certain que c'est la littérature des deux derniers siècles qui a produit la première explosion de la révolution française, nous avons droit de faire honneur de l'initiative du mouvement actuel à notre littérature moderne, à ces grands écrivains de notre siècle dont nous avons maintenu ici la gloire en face des gloires du passé.

D'ailleurs, comme pour témoigner des nobles tendances de cette société nouvelle et de la part que les travailleurs de l'intelligence peuvent revendiquer dans sa formation, ne semble-t-il pas que nous ayons vu ressusciter de nos jours un de ces faits merveilleux qui présidaient au berceau des sociétés primitives? Dans une époque poursuivie de toutes parts, et souvent avec justice, par les reproches de matérialisme, de positivisme grossier, voilà que c'est la poésie elle-même, la plus pure, la plus spiritualiste, la plus idéale des poésies qui se dresse au milieu du champ de bataille encore fumant et qui vient prêter sa voix à la jeune République?

Au milieu de cette révolution littéraire dont nous avons commencé d'étudier, avec vous, les vrais caractères et le but légitime, un poète a brillé entre tous, que le caractère intime, rêveur, religieux de sa poésie démontrait comme le plus exclusivement poète. Avant lui, notre poésie autant que notre prose nous promenait au travers des passions, des événements les plus positifs, jamais elle ne quittait les régions de le terre et les chemins fréquentés par la foule. Lorsqu'apparut ce poète nouveau il semblait n'avoir jamais touché du pied les réalités de ce monde, il semblait n'avoir jamais habité qu'un monde meilleur, qu'une sphère toute idéale ; sa voix nous arrivait comme l'écho d'une lyre immatérielle. Cet homme créa la poésie moderne ; elle naquit de son génie, comme naissent toutes les grandes choses, à travers l'oubli des règles du passé, des préceptes de l'expérience, des calculs et des systèmes ; elle naquit de l'inspiration et du cœur.

Cette poésie était bien, surtout en France, ce qu'il y avait de plus étranger à la vie, aux habitudes des hommes pratiques. Aussi quand l'auteur des *Méditations* et des *Harmonies* voulut traduire en nobles actions les nobles sentiments, les saintes idées dont se nourrit l'âme du poète, lorsqu'il demanda sa part des travaux et des fatigues de l'existence commune, on refusa de le prendre pour un des journaliers de la terre politique, et on le renvoya, non sans ironie, parmi ces anges dont les doigts sont inhabiles à d'autres fardeaux qu'au fardeau pacifique de la lyre. Et cependant, c'était lui qui devait tracer en lettres de flamme l'histoire de nos plus grandes et de nos plus terribles années ; lui dont la voix devait dominer non-seulement les murmures de l'enceinte parlementaire, mais les tonnerres déchaînés de la place publique. Ce n'est pas vous qui serez surpris de voir que l'homme qui s'était élevé le plus haut dans les régions immatérielles de la pensée, dans la contemplation religieuse, dans le sentiment de l'infini, soit le même qui ait jeté ensuite sur les choses sociales le regard le plus ferme, le plus pénétrant ; le même qui ait trouvé pour parler aux hommes le langage le plus énergique, le plus sage, le mieux écouté.

Pour savoir comme on doit vivre au milieu des grands évènements, il faut d'abord avoir vécu au milieu des grandes idées. Comment ? ce seraient les hommes les plus occupés de calculs sordides et de mesquins intérêts qui sauraient le mieux comprendre, le mieux régir les faits de la société, les hauts intérêts des nations ? Ce seraient les voix grossières et désordonnées qui qui pourraient le mieux convaincre les esprits ? Non, messieurs, sachons-le bien, et pensons-y plus que jamais ; dans le moment où nous sommes, plus un langage est élevé, plus il est rationnel, plus il est religieux, et mieux il est senti par ces multitudes au sein desquelles palpitent tous les grands instincts de l'humanité. On a dit, avec raison, que la voix du peuple est la voix de Dieu ; il faut ajouter : la voix que le peuple comprend toujours, la seule voix qui l'émeuve profondément, c'est la voix de Dieu, c'est une parole qui adjure le peuple au nom des plus grandes idées, des sentiments les plus nobles, des plus religieux devoirs, des plus austères dévouements. Qui fera entendre cette voix de Dieu à la foule, si ce n'est l'homme qui l'a entendue lui-même, qui l'a écoutée avec recueillement dans ces hautes régions de l'esprit où l'inspiration n'est pas étouffée par le bourdonnement des passions vulgaires et des vulgaires intérêts ?

Spectacle merveilleux et rassurant, de voir l'ère qui commence trouver la personnification de sa première et de sa plus grande journée dans un homme qui n'a jamais fait entendre que des paroles de paix et d'amour, qui n'a jamais parlé qu'au nom des sentiments les plus élevés de l'âme humaine ! Entre cette intelligence formée dans la région la plus calme et la plus plus pure et l'intelligence ardente et passionnée de la multitude, l'harmonie s'est faite subitement au sein de la grande pensée de l'ordre et de l'union fraternelle. Le poète a été aussi énergique, aussi fier que ces hommes du champ de bataille, et les hommes sont devenus aussi paisibles, aussi intelligents que le poète. La main de Dieu s'est montrée des deux parts.

Arrière donc toute crainte de voir triompher la force brutale, et régner les grossières passions, quand, pour instruire l'Europe et nous-mêmes du sens de la Révolution actuelle, la Providence a voulu que la première parole qui résuma la pensée de tous, que le premier nom porté sur le pavois populaire, fussent la parole et le nom de Lamartine.

Ainsi notre littérature, notre poésie moderne en ce qu'elles offrent de plus pur et de plus élevé, sont associées à ce qu'il y a de plus grand, à ce qu'il y a plus de plus sage dans le mouvement qui vient de replacer la France dans les véritables voies de la civilisation. Cette littérature, cette poésie nouvelles, que l'on juge si personnelles, si peu concluantes, si peu sociales, quand on les compare à notre littérature classique, n'ont pu se soustraire à la loi de toute œuvre de l'esprit français qui ne perd jamais de vue le résultat pratique, le but moral. Si exclusivement vouée à l'art pur ou à la pure spéculation, qu'ait pu le paraître cette littérature des trente dernières années, elle ne cessait de travailler à l'éducation politique et morale des esprits; c'est d'elle, c'est des idées qu'elle a répandues, aussi bien que des intérêts qui ont pris conscience d'eux-mêmes, que dérive la situation actuelle dans ses faits les plus nobles, les plus conformes aux grandes vérités morales, comme aussi peut-être dans ce que cette situation présente de tendances vicieuses et de faits dangereux.

La vie de l'homme privé et la société elle-même se composent d'une action et d'une réaction incessante des idées sur les faits et des faits sur les idées. La littérature est autre chose qu'une expression fatale de la société, elle est aussi un promoteur libre et responsable des principes, des passions qui dirigent le mouvement social. Ce qu'une littérature renferme de sublime et de bas, de noble et de grossier, de désordonné et de moral, vous le retrouvez dans la physionomie des faits sociaux qui se manifestent à la suite de cette littérature.

Nous avons donné, à plusieurs reprises, à la littérature du dix-neuvième siècle des éloges qui ont pu paraître excessifs et inconciliables avec l'admiration que nous témoignons en même temps pour notre littérature classique. Mais, tout en admirant les progrès véritables, nous n'en reconnaissons pas moins les vices de l'art actuel et leur influence sur les faits sociaux.

Dans les hautes régions des lettres, chez les grands écrivains de notre époque, les tendances générales en philosophie, en religion, en histoire, sont supérieures à ce qu'elles étaient au dix-huitième siècle; mais, le nombre de ces écrits d'un ordre inférieur qui faussent les idées et corrompent les caractères s'est considérablement multiplié de nos jours.

Le sentiment religieux, le spiritualisme, le respect des croyances, l'enthousiasme ont pris, chez nos grands écrivains, la place du scepticisme et de l'ironie. De plus fortes études en métaphysique et en histoire ont renversé la philosophie superficielle des Encyclopédistes. Sans parler des penseurs qui ont gardé pour base la foi chrétienne ou le rationalisme chrétien, ceux-là même qui s'appuyent exclusivement sur la raison individuelle ont trouvé en elle assez de force pour saper le matérialisme, pour étayer les grandes vérités de l'ordre politique et moral. En un mot, tandis que la tendance générale du dix-huitième siècle allait au doute, à la critique, à la destruction, il y a chez tous les grands écrivains de notre époque une tendance plus religieuse, plus affirmative, plus enthousiaste, un besoin de croyance et d'organisation.

Mais comme il arrive de toutes les révolutions intellectuelles qui commencent d'abord dans les classes supérieures, dans les ordres supérieurs d'études, ce mouvement spiritualiste et religieux de la pensée de notre époque n'est guère sorti de la sphère de la philosophie et de la haute poésie. Tandis que les principes du sensualisme disparaissaient de la métaphysique et de la psychologie, les conséquences de ce vicieux système se développaient dans les arts, dans la littérature secondaire et pénétraient jusque dans la rénovation légitime que notre époque a fait subir à la poésie française.

Par une étrange contradiction, au moment où les artistes et les poètes revenaient à un sentiment plus enthousiaste, où ils semblaient affectionner les idées et les sujets religieux, en même temps les changements opérés dans le style de la poésie et de tous les arts attestaient davantage l'influence du principe matériel. Chez les peintres, la couleur tendait à prévaloir sur le dessin ; chez les poètes, l'image à remplacer l'idée. Partout enfin ce qui s'adresse à la sensation, se substituait à ce qui parle au cœur et à l'esprit.

Un caractère commun aux pièces de théâtre, aux romans et à un grand nombre de poésies modernes, c'est l'apothéose de la passion aux dépens de la liberté morale. Cette maxime : que la passion absout, qu'elle justifie même les actes les plus désordonnés, a régné dans la plupart des productions de l'école nouvelle. Pourvu qu'un sentiment fût vrai, profond, sans calcul, on lui permettait de tenir fort peu de compte des lois de la morale et de la société. Un peu par réaction contre la littérature du siècle dernier, qui ne peignit que la débauche élégante et jamais la passion, un peu à l'imitation des poètes étrangers, beaucoup d'écrivains modernes ont vu dans la violence, dans l'exubérance de la passion, un signe de la grandeur du caractère, comme si la vraie force, la vraie grandeur morale est autre chose que la domination exercée par la volonté, par la liberté humaine sur nos sentiments et même sur nos besoins.

Ces idées que l'héroïsme, que la puissance de l'individu se mesure non pas à la passion réprimée, mais à la passion qui déborde, que cette passion est un entraînement fatal déliant l'homme de toute responsabilité, que les sentiments et les besoins de la nature justifient tous les actes de la volonté, ces idées, qui détruisent par sa base la notion du devoir, le théâtre et la presse littéraire les ont répandues à profusion depuis vingt ans. L'idée du sacrifice de la passion à la loi morale ou sociale, que l'on apperçoit toujours dominante chez nos grands tragiques, avait disparu de la scène française. Avec plus d'influence encore que les dramaturges, les romanciers ont déifié de leur côté la passion fougueuse, et accoutumé les esprits à oublier que la véritable puissance de l'homme ne consiste pas à satisfaire tous ses désirs mais à supprimer en lui tous ceux qui s'opposent à l'accomplissement de la loi.

Une conséquence de cette apothéose de la passion et des jouissances aux dépens du sacrifice et de la liberté morale, c'était, dans les questions relatives à la société, de parler toujours au nom des intérêts, des besoins, du bien-être matériel, tandis qu'on avait parlé à nos pères au nom des droits, des devoirs, de la vérité, de la justice.

Dans quelques grands esprits de notre temps, les germes d'un développement spiritualiste et religieux se sont élaborés avec puissance, ils écloront sans doute un jour avec une puissance égale dans la société. En attendant, depuis longues années, la littérature, l'économie politique, la philosophie même n'attirent l'attention des hommes que sur les intérèts, les besoins, les jouissances, les améliorations physiques. Il y a des besoins légitimes sans doute, mais tous ne le sont pas au même titre, et, dans cette hiérarchie des besoins, il a régné jusqu'ici une dangereuse confusion.

Pour augmenter le péril que fait courir à la dignité humaine cette lutte constante des sensations et des besoins contre les principes et les devoirs, une idée s'est fait jour dans quelques écoles, qui détruit sur le présent et sur l'avenir la véritable nature de la destinée humaine.

Le christianisme, et avec lui la raison, nous enseigne que cette terre n'est pas la demeure définitive de l'homme, qu'elle est un séjour d'épreuves et de combats, et que tous nos efforts n'aboutiront jamais à en faire un séjour de félicité. Quelques philosophes de notre temps, éminents d'ailleurs de lumières et de bonnes intentions, sont venus proclamer que le bonheur est possible en ce monde, qu'il est un droit pour l'individu et une obligation que la société contracte envers lui.

Quand l'expérience sociale depuis six mille ans, quand l'expérience intime de chacun de nous ne seraient pas là pour démentir ce principe, quand la saine philosophie ne l'aurait pas déjà réfuté, resterait encore l'impossibilité de son application. Mais son vice n'est point de poser un idéal impossible ; il est bon que l'homme aspire très haut, plus haut même qu'il ne peut atteindre ; le vice de ce principe, c'est de poser un faux idéal, de détourner l'homme de son véritable but. La destinée de l'homme en ce monde, ce n'est pas de jouir, c'est de mériter.

Combien donc n'a pas été funeste cette littérature qui peint avec tant d'amour les jouissances du luxe et de la vie oisive, en présence d'une philosophie qui n'excite les hommes au mouvement et au progrès qu'en vertu de leurs besoins matériels.

Si quelqu'appréhension peut se glisser en nous au moment du triomphe des vérités saintes pour lesquelles la France combat depuis soixante ans, c'est la crainte qui naît de cette surexcitation du besoin de jouissances matérielles, et de l'oubli dans lequel la littérature et l'économie politique ont tenu la véritable idée du devoir, l'idée du sacrifice et du dévouement.

Dans les faits qui composent la situation actuelle de notre pays, l'influence de ces idées plus élevées, plus religieuses, plus chrétiennes qui règnent dans les sommités de notre littérature moderne, se traduit en des témoignages incontestables, par un plus grand respect pour la vie des hommes, pour la liberté de leur conscience, par une reconnaissance plus formelle de l'intervention de Dieu dans les choses humaines ; là est notre gloire, là est notre espérance. Mais cette basse et ignoble littérature du matérialisme, mais ces idées de jouissance à tout prix trouvent aussi des faits qui leur correspondent dans les réalités présentes. La pensée chrétienne de la patience et du sacrifice semble effacée de l'esprit des hommes ; c'est de là que viennent tous nos dangers.

Lorsqu'à la fin du dix-huitième siècle, nos pères se sont levés pour commencer le drame glorieux de la Révolution française, la grande masse de la nation était encore sous l'influence des principes moraux du christianisme ; le reste était imbu des idées d'une philosophie généreuse, d'un noble stoïcisme qui savait s'attendrir pour les misères d'autrui, et qui savait oublier ses propres souffrances devant la nécessité et la gloire du dévouement. Alors, ce ne fut pas au nom des besoins, des intérêts, des jouissances, que la grande nation prit l'initiative des réformes sociales. Le feu qui animait cette héroïque génération, ce n'était pas le désir du bien-être, mais la noble soif de la justice et du droit. Ce fut pour conquérir des richesses immatérielles que s'arma ce noble peuple de France ; c'est pour des vérités morales que tombèrent tant de martyrs. L'idéal qu'on entrevoyait alors au bout de la lutte, ce n'était pas les douceurs d'un festin pour les sens, c'était l'agrandissement de l'âme, l'austère triomphe de la dignité humaine.

La première pensée des hommes de ce grand jour ne fut pas de s'assurer une vie plus douce et plus commode pour le lendemain, mais de se préparer à une belle mort. Leur premier cri ne fut pas pour demander un pain meilleur ; ils se levèrent, pieds nus et sans pain, pour aller à la frontière placer le rempart de leurs poitrines entre la liberté naissante et les vieilles tyrannies ; ils se levèrent pour aller, dans une sublime croisade, inscrire avec leur sang, dans tous les coins de l'Europe, cette triple devise que nous venons de replacer sur nos drapeaux.

Dans la décadence de Rome, lorsqu'à chaque changement de règne les fils dégénérés des légions républicaines battaient des mains au nouvel empereur, le premier vœu populaire qu'avait à satisfaire le pouvoir naissant, c'était celui-ci : *Panem et circenses*, du pain et des spectacles. Acclamation bien digne de s'élever du sein de la servitude, et de saluer le despotisme! Acclamation que renouvelle, en dissimulant sa brutalité sous des termes pompeux, chaque époque de matérialisme où l'idée du dévoûment et du devoir a été minée à la fois par le sophisme et par la corruption ! Aux prises avec cette impatience de l'amour du bien-être quel pouvoir sage et prévoyant pourrait s'organiser ? Quel ordre solide pourrait se fonder dans un pays au milieu de cette anarchique réclamation des plus égoïstes intérêts? Défions-nous de la précipitation des désirs ; l'impatience de toucher le but est la cause de tous les pas rétrogrades que font les individus et les sociétés. L'amour désintéressé de la justice et des principes, cette passion des grands cœurs, retarde elle-même quelquefois la société, par une trop grande impatience ; or, l'amour égoïste des jouissances est encore plus impatient que la soif de la justice.

Cet exemple du déchaînement égoïste, imprévoyant et brutal de tous les besoins, de tous les intérêts, qui n'aboutit qu'à rendre impossible leur légitime satisfaction, ce n'est point celui que donnera au monde qui nous contemple le peuple de la France républicaine. La grande nation n'est pas un troupeau de serfs affamés et sourds. L'Europe ne pourra pas dire que, si la première révolution a été faite au nom des idées, la nôtre est faite au nom des appétits. Non, jamais la France, jamais la terre du dévoûment et de l'apostolat ne méritera cette injure ! j'en atteste et les souvenirs de l'héroïsme de nos pères, et le sang généreux qui coulait hier pour le triomphe, non pas d'un intérêt, mais d'un principe !

Ce n'est pas au moment d'une aussi pure, d'une aussi belle victoire remportée au nom du droit, que peut faiblir chez les vainqueurs la notion du dévouement et du devoir. Tout, après cette grande journée, nous fait espérer de la part des besoins les plus légitimes une patience, une résignation encore plus admirables, encore plus méritoires que ne l'ont été l'ardeur et l'énergie au milieu de la lutte. Pour un peuple qui vient de se charger, comme nous, de l'éducation, de la conversion du monde, c'est le moment des hautes et difficiles vertus; c'est l'heure de l'empire sur soi-même, du sang-froid, de l'abnégation, de l'oubli de ses droits personnels en faveur du droit de ses frères; c'est l'heure, enfin, de ce sacrifice de chacun à tous, qui n'a pour l'individu d'autres limites que l'imprescriptible souci de sa dignité.

Plus une forme politique est parfaite, et plus elle exige de perfection morale chez les hommes qui ont donné cette forme à leur gouvernement. En proclamant la plus belle, la plus juste, la plus fraternelle, et par conséquent la plus religieuse des formes que puisse prendre l'association humaine, la France a imposé à ses enfants les plus nobles, les plus religieux devoirs ; elle a placé bien haut l'idéal qu'elle se sent capable d'atteindre. Montesquieu a eu raison : le vrai principe du gouvernement républicain c'est la vertu ; c'est elle seule qui rend possibles tous les bienfaits de la liberté. En proclamant la République, la France a proclamé la nécessité de tous les généreux dévouements, elle s'est condamnée à toutes les vertus, à toutes les grandeurs. Glorieux jugement que la patrie a porté sur elle-même ! Dans la chaleur même du combat qui la rendait libre, elle a placé sa main sur son cœur, elle l'a senti battre avec assez de calme, elle l'a reconnu assez pur de toute colère et de toute haine, de toute grossière idolâtrie, de toute mesquine passion, pour accepter cette tâche merveilleuse de la République, dont elle est seule capable encore parmi les grandes nations de l'Europe.

Sachons bien ce qu'une mission pareille commande à chacun de nous. Que la littérature et les arts, ces instituteurs des peuples, ne répandent plus autour d'eux de lâches enseignements ! Ces préceptes du beau, que nous cherchons ici en commun, sont inséparables des règles du bien; la littérature de nos jours l'a trop souvent oublié ; elle a beaucoup parlé aux sens, elle n'a suscité dans l'âme que de vagues aspirations. Voici pour elle, aujourd'hui, le moment de faire entendre un plus austère langage, de donner un organe plus clair, plus précis, plus ferme aux grandes vérités morales.

La littérature de la France a fait autant que son épée pour la grande cause de la révolution. Elle y a travaillé la première ; espérons qu'elle continuera à y travailler plus que jamais dans une ère de progrès pacifique. Les arts et la poésie, cette splendeur de la morale comme le beau est la splendeur du bien, les arts et les lettres doivent devenir les rayons les plus féconds et les plus vifs du soleil de notre jeune République. Déjà ce soleil jette assez d'éclat pour être reconnu de toute l'Europe ; mais il a plus à faire, il faut qu'il répande à grands flots sa lumière et sa chaleur, et qu'il fertilise le monde.